魔女が
校長先生になった

出会いが教えてくれたこと

橋立悦子 著

銀の鈴社

も く じ

ありがとう ⋯⋯⋯⋯⋯⋯⋯⋯⋯⋯⋯ 5

　おちこぼれの魔女の話 ⋯⋯⋯⋯⋯ 6

　あらまっ　たいへん！ ⋯⋯⋯⋯⋯ 8

出会いが教えてくれたこと ⋯⋯⋯ 11

　人生は助け合い ⋯⋯⋯⋯⋯⋯⋯⋯ 12

　落とさないようひもをつけよう！ ⋯⋯ 13

　幸せってパイのよう ⋯⋯⋯⋯⋯⋯ 14

　みんなで手をとりあおう ⋯⋯⋯⋯ 16

　77億人の「ひとり」 ⋯⋯⋯⋯⋯⋯ 18

　ひとりになると ⋯⋯⋯⋯⋯⋯⋯⋯ 19

　死ぬまで絶望しない ⋯⋯⋯⋯⋯⋯ 20

　何もいらない ⋯⋯⋯⋯⋯⋯⋯⋯⋯ 21

　必要な物たち集まれ！ ⋯⋯⋯⋯⋯ 22

　「ぼっち」でつながろう ⋯⋯⋯⋯ 24

　「生きる」って ⋯⋯⋯⋯⋯⋯⋯⋯ 26

　逆転の発想 ⋯⋯⋯⋯⋯⋯⋯⋯⋯⋯ 28

　人生の主役は？ ⋯⋯⋯⋯⋯⋯⋯⋯ 30

人間界で出会った先生方と子ども達 ⋯⋯ 33

　学校はみんなでつくるもの ⋯⋯⋯ 34

　ひなこちゃんからのプレゼント ⋯⋯ 36

　不安はおばけのよう ⋯⋯⋯⋯⋯⋯ 37

　まず自分が動く ⋯⋯⋯⋯⋯⋯⋯⋯ 38

　奇跡は起こすもの ⋯⋯⋯⋯⋯⋯⋯ 40

　魔女がいちばんほしいもの ⋯⋯⋯ 42

　世界初「汗と涙のパーティー」 ⋯⋯ 44

やる気に火をつける先生達 ……………………………… 46

私の愛読書 ……………………………………………… 48

あらきっ子感性磨いて未来を拓く ……………………… 50

人を愛せる大人に ……………………………………… 52

「幸せの泉」見つけた！ ………………………………… 54

ひとりじゃ何もできなかった …………………………… 56

幸せな学校をつくる …………………………………… 58

こんな学校どこにもない ……………………………… 60

ちがうってステキ！ …………………………………… 62

ドーン！ ………………………………………………… 64

目に見えない学力ってなあに …………………………… 66

まさかの坂上ろう ……………………………………… 68

心を抱きしめてくれる ………………………………… 70

3回目の入学式 ………………………………………… 72

算数オリンピック……？ ……………………………… 74

すきなひと ……………………………………………… 76

大きい鶴と小さい鶴 …………………………………… 77

子ども達が主体的に動く ……………………………… 78

みんなでシンキングタイム …………………………… 80

ほんものに触れる ……………………………………… 82

100年に一度の「運動会」 ……………………………… 84

未来を照らした天使の歌声 …………………………… 86

「農業アラート」と『感動アラート』 ………………… 88

校内マラソン記録会「八本足のダイコン」 …………… 90

朗読劇「可能性は無限大」 …………………………… 92

木曜日の朝は「どんぐりどんぐら」 …………………… 94

ダイダイの変身 ………………………………………… 96

お誕生日はベリベリーハッピー ……………………… 98

保健室は『心の停車駅』 ……………………………… 100

うちの学校はまぶしい ……………………………… 102

エッヘン！　うちの学校自慢 ……………………………… 104

魔女が修行で学んだこと ……………………………… 107

書くことは生きること ……………………………… 108

約束を果たす ……………………………… 110

背中を追いかける ……………………………… 112

「おかげさま」の心ぐるぐる ……………………………… 114

あった！　魔女の考える石 ……………………………… 116

人生はおもしろい ……………………………… 118

気づけばそこにあった ……………………………… 120

パラダイムシフト ……………………………… 122

あとがき ……………………………… 123

ありがとう

いちばん伝えたいのはこの言葉
「ありがとう」の５文字
今まで出会ったすべての人に

おちこぼれの魔女の話

ある日、
魔女のエッちゃんが校長先生になった。
教師としての常識や教養がまったくない。
「できるかなあ」
エッちゃんは心配だった。

少しすると、不安はすぐに消え去った。
なぜなら、エッちゃんが『願い』を語ると、
先生達は、すぐに動いてくれた。
動いてくれた？
いやちがう、子どものために自ら動いた。

３年経つと、エッちゃんは気づいた。
校長先生なんて、だれでもできる。
いちばん大切なのは、学校に、
子どもの未来を真剣に考え動く先生達がいるか？
ただそれだけ。

学校に
魔女が
やってきた！

あらまっ　たいへん！

先生になり、今年で38年。
今まで、6回学校をかわったけれど、
子ども達の前で同じ自己紹介をしてきた。

「私は修行中の魔女。
　ふるさとのトンカラ山から来ました。
　327歳。『汗と涙』を集めています。
　汗と涙は、人間だけが持つ宝もの。
　だから、大切にしましょう。」と……。

あらまっ、たいへん、私ったら、
ながい間、同じ年のまま……。
だけど、まあいいか。
顔のシワは増えても、
心は年をとりたくないでしょ。

出会いが教えてくれたこと

・大切なもの

・幸せの作り方

・生きること

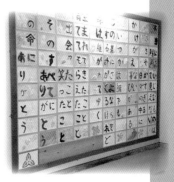

人生は助け合い

この広い地球上に、
私が生まれる可能性は無限大の一。
あなたと私が出会う可能性は、
さらに難しくなって無限大の一。
それを奇跡っていう。
だから、あなたに出会えてハッピー！

悩んだ時は「助けて」って
声をあげること。
そうすれば、
たいていのことは、解決できる。
人生は、助け合い。
ひとりじゃないって教えてくれた。

落とさないようひもをつけよう！

「今日も、子ども達が元気でいられますように」
毎朝、手を合わせるのが習慣になった。
小さいように見えるが、これがいちばんの願い。

命はひとつ。
だから、落とさないようにひもをつけよう。
命はお金じゃ買えない。
だから、盗まれないよう鍵をかけてね。
命は生もの。
だから、かびが生えないよう時々窓をあけよう。
命は突然切れる。
だから、「ワンツースリー」、心の運動をしてね。

命があれば、何でもできる。

幸せってパイのよう

ヤエザクラが満開に咲いて、
風が吹くとチラチラと舞って、
子ども達がおいかけっこすること。

柿の木に甘い実がたわわにみのって、
たくさんのお客さんに差しあげて、
残った実をカラスがつつくこと。

テストで100点とったり、
逆上がりができたり、
けんかしたり、学校に、
子ども達の声が
響き渡ること。

幸せは、
パイのように
何層にもなって、
じわりじわりと心に広
がっていく。

みんなで手をとりあおう

地球に、『かいじゅう』がやってきた。

目に見えないほど小さいが大きい。

図鑑の隅から隅を探してもいない。

正体不明のかいじゅうは、

すべての学校を休校にした。

時を止め、子ども達から笑顔を奪った。

残された時間はないよ。

みんなで、手をとりあおう。

地球が家族となって笑い合う日のために。

77億人の「ひとり」

かいじゅうは、
人が集まったり、話したりするところへ
出かけて行っては巨大になった。

学校は休みになった。
会社も休みになった。
お店やさんは店をしめた。

人間たちは、
切り離されて「ひとり」になった。

ひとりになると

自然と、心の視力があがってくる。
駅のホームで手を振る
友の顔さえわからないのに。
朝刊のトップ記事の
見出しの文字さえ読めないのに。
ひとりになると、
自分のいやなところが浮き彫りになる。
この仕事について38年。
ずっと、目をそらしていたなんて……。

死ぬまで絶望しない

かいじゅうが教えてくれたこと。
日常の中に幸せがあふれていること。
目覚めのコーヒー、同僚とのおしゃべり、
大きな声で笑い転げたり、ハイタッチしたり、
輪になって肩を組んだりすること。

とつぜん、生きたいはずの命がいくつも鼓動を止めた。
悔しすぎて、悲しすぎて、涙腺が凍りついた。
「お願いだから命をかえして！」
天に向かっていくら叫んでも、命はかえらない。
固体と化した涙は一滴も流れない。

でも……
今、私は、こうして生かされている。
だから、死ぬまで絶望しない。

何もいらない

お化粧しない。

だって、人に会わないもの。

スーツあげる。

だって、出張なんてないでしょ。

かばんいらない。

だって、荷物は家に置いておける。

時計は見ない。

だって、お腹がすいたら食べればいい。

くつなんて、ごみばこ行き。

だって、スリッパがあれば十分でしょ。

スーツも、かばんも、時計もくつもいらない。

何もいらない。

必要な物たち集まれ！

とつぜん、疑問がふきあれる。

箪笥からあふれている洋服は、だれが着るの？

壁一面覆っている本箱の本は、だれが読むの？

色とりどりのコーヒーカップは、だれが使うの？

物たちは、今や輝きを失っている。

「必要な物たち集まれ！」

と叫んでみたが……。

あれあれっ、なっ、何もない。

絶対に必要なアイテムはみっつ。

１「眼鏡」

　　だって、これがないと歩けない。

２「着古したパジャマ」

　　だって、いちばんくつろげるもの。

３「紙とえんぴつ」

　　だって、好きなところに冒険できるでしょ。

「ぼっち」でつながろう

外出できない　＝　何もすることない
何もすることない　＝　つまんない
つまんない　＝　ストレスたまる
ストレスたまる　＝　やけ食い
ぼっち　ぼっち　ひとりぼっち

外出できない　＝　だれにも会えない
だれにも会えない　＝　さびしい
さびしい　＝　電話する
電話する　＝　心に花が咲いた
ぼっち　ぼっち　ふたりぼっち

もっともっとつながろう
ぼっち　ぼっち　十人ぼっち
ぼっち　ぼっち　百人ぼっち
あれっ、いつのまにか、
「ひとりぼっち」から卒業だ。

「生きる」って

「3ヵ月の休校は、どっち?」ジンが問う。

A「我慢を強いられたいやな時間」
B「生きていく上で貴重な体験」

どうとらえるかは、考え方次第で大きく変わる。

うちの先生方はみな、
Bになるように導いてくださった。
学力だけでなく、『こころ』を育てている。
水やりを欠かさないから、ぐんぐん伸びる。

どんな経験も不必要なものはない。
みんな、大切なものばかり。
だって、「生きる」ってそういうことでしょ。
「死」さえ、受け入れるしかありません。

逆転の発想

パパラカホッホ……
休校の今だからこそ学べること。
生きることのすばらしさ。
学ぶことの楽しさや友達の大切さ。
それらは、当たり前の日常。

パパラカホッホ……
家族で一緒に朝ご飯食べたり、
おじいちゃんから戦争の話を聞いたり、
弟と兄弟げんかしたり、
お母さんと夕飯のハンバーグをつくったり、

パパラカホッホ……
経験すべてが生きる力となっていく。
家族と一緒にいられるかけがえのない時間。
今しか味わえない貴重な時間。
きっと、神さまからのプレゼント。

人生の主役は？

自分が主役になるなんて、だれが予想しただろう。
かつて、お店の奥に忘れ去られていたのに……。
今や、人気が出すぎて、どこも売り切れ、
手作りされてファッションの一部になった。

こんなに派手になるなんて、だれが予想しただろう。
初代は白一色だっのに……。
今や、「黒」「レインボー」「水玉」「ペイズリー」など、
立体のものや、香りつき、
夏用のものまで開発されている。

マスクの人生、どんでん返し。
かつて、ほこりをかぶり見向きもされなかったのに……。
今や、スポットライトをあびる大スター。
どんな口紅や宝石だってかなわない。

マスクは、大スターになっても自慢せず、
困っている人を支え続けた。
いつか、このブームが終わることを知っている。
主役かどうかなんて、ちっぽけなこと。

人間界で出会った
先生方と子ども達

学校経営で大切にしてきたこと

①汗と涙

②感性を磨く

③変身　変身　大変身

★目に見えない学力

学校はみんなでつくるもの

ほんとうの「チーム」って……？
楽しいだけのなかよし集団じゃだめ。
何でも言い合えること。

ベクトルの先にあるのは、
「子どもの成長」ただひとつ。
年齢や経験年数、立場なんていらない。

うちの学校は、「チーム」になれたかな？
そんな心配はちっともいらなかった。
だって、みんながつくってくれた。

いい声 いい顔 いい姿

35

ひなこちゃんからのプレゼント

昨年、図工の時間に、

ひなこちゃんが、ティッシュに私の顔を描いて、

プレゼントしてくれた。

にこにこ顔のそばに「えがお」って書いてある。

透明のフレームに入れ、机の上に置いた。

ずっと、この笑顔を忘れないために……。

ひなこちゃんは、今年、２年生になったけれど、

学校が休みになってから会ってない。

元気にしているかな？

不安はおばけのよう

迫りくる不安は、

おばけのように、ふくれあがり、

希望をパクパク食べていく。

「おばけをつくっているのは、自分自身よ。」

ひなこちゃんの描いてくれた笑顔の自分が、

私をたしなめる。

まず自分が動く

このままではいけない。
子ども達の「やる気の炎」が
消えてしまう。
だけど、どうすることもできない。
いや、まて、ほんとうにそうか？
どこにいても、
学ぶことはできるのではないか。

だって、日々、子ども達に語ってきた。
「何のため学ぶのか」
「だれのために学ぶのか」
「知らないことを知ることはおもしろいこと」を……。
学校に子ども達が来ないのなら、自分が動けばいい。

先生達は、一人ひとりに手紙を書いたり、
学級だよりを書いたり、
家庭訪問したりして心を届けた。
今こそ、教育の原点に立ち返ろう。
そして、感性の柔らかな子ども達を信じよう。

今からでも遅くない。

心に訴えて、真の学びに気づかせよう。

はじめは、無理とあきらめていたことが、

アイディアを出し合うと、「できるかも……」から、

「大丈夫、絶対にできる！」に変わっていった。

奇跡は起こすもの

うちの先生達はすごい。
だって、難問を次々と解決していくんだ。
しかも、笑顔いっぱいにね。

どうしてそんなことができるかって？
だって、来る日も来る日も、
子ども達のために何ができるかって考えてる。

だけど、それだけじゃ不可能の壁は崩れない。
うーん、何だろう。
わかった！　その正体は、「本気」かな。

だけど、ただの本気じゃないよ。
もしも、本気に度合があるとしたら、
本気の中のど真ん中、「ど本気」なんだ。

40人の「ど本気」が集まり「奇跡」を生みだしている。

本校では奇跡は必然なり。

だって、

「起こるものではなく、起こすもの」

だから……。

魔女がいちばんほしいもの

汗と涙は人間だけが持つたからもの。
他の動物にはない「尊い水」。
だって、心があるから「涙」があふれ、
人のために動くから「汗」が流れる。

うれしい時に流れ落ちる涙。
悔しい時にちょちょり出る涙。
一生懸命がんばった時に出てくる汗。
汗と涙はエンジンとなり、成長させてくれる。

魔女がいちばんほしいもの。
それは、人間だけが持つ「汗と涙」。
でも、それを手に入れるためには、
心を持ったほんものの人間になること。

だから、私は人間界で修行中。
子どもの心がわかる先生になるために。
今までも、
そしてこれからも……。

世界初「汗と涙のパーティー」

子ども達は、汗や涙が出た時、
『汗と涙の壺』にビー玉を入れに来た。
「友達とけんかしちゃった」
「なわとび大会で負けてくやしい」
「お掃除をがんばったよ」
ビー玉は日毎に増えていった。
子ども達一人ひとりの汗と涙の結晶だ。

ある日、ビー玉があふれて、

なんとっとっと……、

全校で、『汗と涙のパーティー』を開催した。
進行は、もちろん児童会役員だ。
全校の子ども達と先生方が手を取り合い、
汗を流して遊んだ。

やる気に火をつける先生達

市内陸上競技大会で6連覇達成！
県の吹奏楽コンクール2年連続金賞受賞！
「あこがれの先輩達を超えたい」と願って、
子ども達は真剣に取り組んできた。

先生達は、決して連覇しなさいとは言わず、
一人ひとりの伸びを認め励ましてきた。
「強くなりたい」「うまくなりたい」と願って、
子ども達は歯をくいしばって取り組んできた。
大晦日に学校へ行くと、自主練習をしている姿が
あった。

今年は、７連覇、３年連続金賞の高みを目指していたが、大会やコンクールは中止になり、目標を失った。
でも、先生達はあきらめなかった。
人生で大切なことは、１位をとることではなく、
よりよく生きることだと教えてくれた。

私の愛読書

本校には、部活動だよりがある。
トウモロコシ先生とトマット先生が
子ども達に発信している。
吹奏楽部と陸上部が強いのは、このおかげだ。
なぜなら、『秘密のスパイス』が隠されているから。

スパイスの正体って……？
技術の前に、
人として大切にしたいことが記されている。
「あいさつ」「思いやり」「感謝」に加え、
「一生懸命がかっこいいこと」などが示されている。

だから、コロナ禍にあっても、
子ども達はぶれなかった。
これからどんな困難にぶつかっても、
たくましく生きていくだろう。

「心ひとつに」「本当の勝利をめざして」は、
私の愛読書になっている。
ゴクゴク入って、読後はかけ出したくなる。
無限の可能性を引き出してくれた。

あらきっ子感性磨いて未来を拓く

「感性って何」と問われた時、決まってこう答える。
①感性とは、感じ取る力。
②いつでもどこでも誰でも磨くことができる。
③深く思考することで違う価値を生み出す。

予測困難な未来を生きる子ども達にとって、
もはや、今まで通りは通用しない。
自分で考え、判断し、生きぬく力が必要となる。

感性を磨くためのステップは、
「観る」「思考する」「表現する」の三つだ。
このステップを踏むために、『俳句』を設定した。

感性を磨くために、俳句づくりをスタートした。
あらきっ子には、自信と誇りを持ち、
明るい未来を切り拓いてほしい。

51

人を愛せる大人に

俳句を作り続けて3年目。
子ども達の作品は、発見と驚きに満ちている。
読むたびに、
砂漠のように乾いた心を潤してくれる。

「ふじさんのゆきにシロップかけたいな」
壮大な発想にどぎもを抜かれる。
今まで書いた作品数は、八万句を超える。
書き続けたら、富士山を超えるかもしれない。

休校でも作品が届く。
感性は休みなく、思考を続けている。
さらに、心の中を見つめ、
人を愛せる大人になってほしいと願う。

「幸せの泉」見つけた！

もう何枚描いたかなあ。

俳句コンクールを実施して、今年で三年目。

最高賞の『八重桜』には色紙を渡してきた。

１年目124枚

２年目240枚

３年目は307枚

合計すると671枚にもなった。

俳句を読み、想像してイラストを描いていく。

この作業は、背中に翼をつけてくれた。

描かせてもらったおかげで、

時を超え、空を飛び、

「幸せの泉」を見つけることができた。

優秀賞の『ケヤキ賞』と優良賞の『魔女賞』には、

短冊を渡してきた。

３年間で、ケヤキ賞は1237枚、魔女賞は1733枚。

３つの賞の３年間の合計は、

なんとっとっと、驚くなかれ3641枚にもなっていた。

ひとりじゃ何もできなかった

コンクールができたのは、審査員の先生のおかげ。
心に種まきをされている教育者だからこそ、
子どもの目線に立ち、
感性を丸ごと受け止めてくださった。
時には涙し、一人ひとりの成長を、
我が子のように 手をたたいて喜んでくださった。

また、ひよこ豆先生が、計画的に準備したり、
先生方が、俳句のおもしろさを熱く語ったり、
地域ボランティアさんが、入賞作品を短冊に書いたり、
多くの方のおかげで続けることができた。

たくさんの人が協力して、俳句集ができた。
みんなの力が合わさって、
子ども達の「感性を磨く」ことができた。
だれ一人欠けても、目標を達成することはできなかった。

結局、ひとりじゃ何もできなかった。
私、「ありがとう」を何回も言うよ。

57

幸せな学校をつくる

全校朝会で、子ども達に今年のめあてを伝えた。
「変身　変身　大変身！」
変身の決め手は、学習・運動・お手伝いの３つ。
自分から進んで行ったら、変身できる。
毎日続けることで、あっぱれ「大変身！」。

同じことを、先生達に伝えた。
「変身　変身　大変身！」
目標に向かって努力して、大変身してほしいこと。
１に挑戦　２に失敗　３　４がなくて　５に再挑戦
だって、失敗は成功の貯金なんだ。

私の目標は、「幸せな学校をつくること」

その鍵を握るのは、
子ども達と先生達が
大変身すること。

今から、
わくわくが止まらない。

こんな学校どこにもない

あのね、アボカドにはアボカドの味、
バジルにはバジルの味があるように、
一人ひとりの個性が輝く学校をつくりたいの。
だって、40種類の野菜をジュースにしたら、
まずくて飲めないでしょ。
先生達に、好きな野菜を一つ決め、
素材と大きさは自由にして、目標を書いてもらった。
フェルトを縫い合わせてアスパラ作ったり、
スポンジを切ってクルトン作ったり、40人40様だ。

パプリカ先生が、自分のワンピースをリサイクルして、
魔女の洋服をつくったり、バスケットを工夫したりして、

野菜サラダを盛りつけた。
今、職員室の正面に貼ってある。
「あっぱれ」お客さんは、みな、
口をそろえて驚く。
こんな学校、
きっとどこにもないだろう。
そんなこと、
聞かなくたってわかる。

ちがうってステキ！

野菜に記されている目標って……。

クルトン先生は「一笑懸命」　アスパラガス先生は「成長」

九条ねぎ先生は「細く長くしなやかに生きる」

ヤングコーン先生は「何事も真摯」

サトイモ先生は「安定安心感」

ミニトマト先生は「毎日笑顔」

アボカド先生は「整理整とん」

レンコン先生は「泥の中の宝さがし」

エビ先生は「脱皮し進化を目指す」

カイワレダイコン先生は「Change & Challenge」

ニンニク先生は「地獄坂完走」

スパイス先生は「時々刺激」

バジル先生は「毎日を印象的にする」

ねっ、おもしろいでしょ。

この他にも、「何事もすぐに対応」「自分に厳しく人に
やさしく」「個性を生かす学級づくり」「健康」「楽し
い授業」「全員で集合写真」「優しい先生」「困難も楽
しむ」「何事もコツコツと」「一生懸命働く」「伝える」
「いつも共に」「経験を積み重ね自信を持つ」「断捨離」
「笑顔」「笑顔の挨拶」「笑顔になる給食」「自分の弱さ
に負けない」など……。ちがうってステキ！

ドーン！

目に見えない学力ってなあに

本校では、『目に見えない学力』を定義している。
「人を大切にする力」「自分の考えを持つ力」
「自分を表現する力」「チャレンジする力」の４つだ。

周りの人を大切にしたいという温かな気持ち
自分の頭で考え思いを持ったり、表現したりすること
未知の領域に自分から挑戦しようとする意欲
これらは、「未来を切り拓くための基盤」となる。

言われてするのではなく、自ら行動を起こす姿は、
子ども達の一生の宝物になるだろう。
しかし、育成するには粘り強さと時間が必要だ。
間違いなく「目に見える学力」の土台となる。

特効薬は『愛情』。
無償の愛を与えられた子どもは、人を愛する大人になる。
あらきっ子の目に見えない学力は急上昇中。
先生方の挑戦は続く。

※目に見える学力「テストの点数など」

まさかの坂上ろう

まさか、学校が休みになるなんて。
まさか、卒業式ができないなんて。
まさか、お別れコンサートができないなんて。
「まさか」が積み重なって、常識がふっとんでいく。
「英知を結集して最高の卒業式をやりましょう」
あきらめない心が集まって、行事を乗り越えてきた。

まさかの坂は、急坂だけど、心をひとつにして、
下ることなく、上ることができている。

心を抱きしめてくれる

卒業式が近くなると、『書道隊』が立ち上がって、
お祝いの気持ちをたれまくに表現した。
『大空へ』『さあいこう』『なかま』
『切りひらけ』のメッセージ。

「つらいこと吹き飛ばし生きてゆこう。
　雨の音で歌おう。一人では生きていけないから、
　いつもすてきな友達とこの手をつなぐのさ」

希望と勇気が湧いてきて背中を押してくれる。

子ども達から子ども達へのプレゼント。
卒業生は、この言葉を胸に旅立っていった。
しょんぼりしている時、体育館に行くと、
心をぎゅっと抱きしめてくれる。

３回目の入学式

４月９日、待ち望んでいた入学式が延期となった。
校庭の八重桜のばあさんは、花びらを満開にしたが、
どんなに風が吹いても、
５月の入学式を夢みて枝にしがみついた。
ウグイスのぼうやは、「ケッコウ」と鳴かず、
「ケッケッケッ」と悔しがった。

先生達は、保護者の皆さまに資料を渡す。
子ども達はいないけれど、礼服を着ておもてなし。
なぜかって……？。
「おめでとう」の気持ちを伝えたくて。

６月になり、３回目の「入学式」の準備をしている。
負けたくないって、
きっと、だれもが思っている。
　※６月２日入学式挙行「児童全員出席」

算数オリンピック……？

東京オリンピックが延期になった。
子ども達の悲しみは止まらない。
だって、聖火ランナーの伴走者まで決めて、
みんなで応援に行くはずだったのに……。
絶対に、オリンピックを中止にしたくない。

ならば、本校でオリンピックを実施しよう。
その名は、『算数オリンピック』だ。
百点とったら、「金メダル」ならぬ「満点賞」。

先生達の願いはただひとつ。
全員に賞状をあげて算数を好きにさせたい。

子ども達ががんばるから、
先生達もがんばる。

賞　状

年

あなたは第　回「算数
オリンピック」で、見事
100点をとりました。
よってここに賞します。
来月もがんばりましょ
う!

我孫子市立新木小学校
校長　■■■ ■■

すきなひと

6月4日、1年生の担任（たんにん）の先生が、
りなちゃんのワークシートを持（も）ってやってきた。
「すてきなもの、ひと」の枠（わく）の中に、
『こうちょうせんせい』って書いてある。
キューン！

7月3日、2年生の教室（きょうしつ）に行くと、
ゆいなちゃんが、「プレゼント」と言って、
手の上に『はらぺこあおむし』を乗（の）せてくれた。
キュンキュン！
あれから、あおむしは私（わたし）の名札（なふだ）に住（す）んでいる。

1週間ほどすると、今度はみおりちゃんが職員室（しょくいんしつ）に
やってきて、
若草色（わかくさいろ）の封筒（ふうとう）を差（さ）し出した。中を開（ひら）くと私（わたし）のイラス
トがあり、
「コロナがたいへんですね。
　こうちょう先生のえがおで
　けしましょう」
と書いてある。
ズドーン！　心が撃（う）ち抜（ぬ）かれた。

大きい鶴と小さい鶴

６年生の男の子が校長室にやってきた。
手には、大きな折り鶴を持っている。
「コロナ終息の願いを込めて作りました。
　大きい鶴の上に小さいツルが乗っています。
　大きい鶴は先生達、小さい鶴は子ども達
　みんな前を向いています。」
大きな鶴の羽の裏を見ると、
「がんばれ　はばたけ　前を向いて」
との願いが書いてあった。
そうか、明日は七夕だ。

子ども達が主体的に動く

分散登校が始まり、2日に1度の登校となった。

人類の歴史の中で、こんなことがあっただろうか。

いや、こんなことがあっていいのだろうか。

同じクラスなのに会えないなんて……。

子ども達は考えた。そして、考え抜いた結果、

ひらめいた。

「そうだ、メッセージを書いて心の交流を図ろう」

交換ノートを作ったり、

風船や葉っぱの中に文字を入れたりした。

子ども達は読みながら、いつも一緒にいることができた。

児童会の子ども達は、『新しい生活様式』の動画を作った。

登下校編、学習編、給食編など、

五七五でまとめてくれた。

先生達の押し付けでなく、子ども達が主体的に動き、

子どから子どもへ伝えられたことがうれしかった。

みんなでシンキングタイム

2年生の生活科に、「町たんけん」がある。
グループで町を歩いて「秘密」を発見する。
しかし、今年は密になるからできない。
だけど、中止にしたくない。
担任のタマネギ先生とミズナ先生は、頭を捻った。

みんなでシンキングタイム。
「どうしたら実施できるか、その手立てを考えよう。」
「そうだ、『親子で町たんけん』なら密にならない！」
「でも、保護者が来てくれなかったらできないよ。」
「うーん……。」

当日は、ぬけるような青空が広がった。
教室のてるてる坊主は、いつにもまして自慢顔。
心配をよそに、ほとんどの保護者が集まった。
探検バッグを持って、
子ども達は秘密をいっぱい発見した。
チャリン！
家族との「おしゃべり」も秘密に加わった。

ほんものに触れる

4年生の国語の教科書に、古典落語がある。
単元の導入で落語家が登場したら、
心をつかまれるだろう。
「体験はすべての礎」
理屈をいくら並べたって、
「ほんもの」にはかなわない。

ご縁があった「くま八ちゃん」に電話をすると、
二つ返事で来てくださった。
扇子と手ぬぐいの使い方や、そばとうどんの
すすり方の違いなど実演してくださった。
語りが始まると、会場は笑いに包まれた。

私も久しぶりに大笑いして、
心はとつぜん『梅雨明け宣言』をした。
ラストには、子ども達もミニ落語を行った。
一斉登校が始まって6日目のことだった。

100年に一度の「運動会」

10月12日、あらきっ子の運動会が開催された。
感染症対策を講じ、例年通り全ての競技を実施した。
いや、こんな時だからと、1年生と6年生は親子競技
を増やし、吹奏楽部は、「マーチング」に挑戦した。

表現では、「ジャンボリミッキー」の愛らしさに続き、
「新木ソーラン」のド迫力、
ラストは「命よ咲き誇れ！」で生命のメッセージ。
子ども達の笑顔がはじけ飛んだ瞬間、会場は感動の涙。

運動会を縮小し表現活動を中止にした学校もある中、
本校の先生方の情熱はとどまることを知らない。
小雨がぱらついたが、
子ども達の元気が吹き飛ばしてくれた。

開会式でお願いした3つ、
「最後までやりきる」「なかまと助け合う」「学び合う」
運動会になった。
ただ勝利すればよいのではなく、努力する姿がかっこ
いいことを学び取った。
子ども達一人ひとりが最高に輝いた一日。

未来を照らした天使の歌声

11月13日、音楽発表会が開催された。
保護者の皆さまを招待し実施できたことは、まさに「奇跡」。
トウモロコシ先生の作成した「ガイドライン」のおかげ。
スローガンは、「照らし出せ未知の未来へ歌声を～」

1年生は「ディズニーメドレー」でみんなが主役。
2年生は途中で止まったけれど、ピンチをチャンスに。
3年生は担任のコントで『なかま』の石板を完成。
4年生の歌声は明るく素直で合唱団のよう。
5年生はみごとなハーモニーで体育館を宇宙に。
6年生のパフォーマンスにうっとり。
「ねがいぼし」は、地球をビリビリと震わせた。

子ども達の歌声は、まるで天使のよう。
「心を寄せ合い前に進んでいこう」
不安な未来を明るく照らし出してくれた。
次の日、保護者の皆さまからたくさんのラブレター。

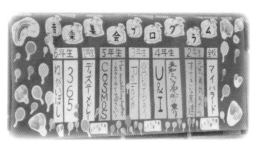

「農業アラート」と『感動アラート』

6年生の廊下に、「農業アラート」が発令された。
その瞬間、心に、『感動アラート』が点灯！
これは〝再発見！　我孫食プロジェクト〟の取り組み。
6月、トマトの苗を植え栽培活動がスタートした。
お天気が続くと、人手が足りなくなった。
そこで、考え出されたアイディアである。

「水やり」「雑草」「害虫」の現状が可視化されている。
青なら順調、黄色は要注意、赤はピンチ。
コロナ禍にあっても、子ども達の発想と意欲はとどまらず、
夏休みも水やりを行い、たくさんのトマトを収穫した。

子ども達はトマトを使って「ケチャップ」を作り、
11月26日、学校近くの直売所をリニューアルして販売した。
製造は業者に依頼したが、
レシピや瓶のラベルは分担して行った。
地域の農家の皆さまが野菜を寄付してくださり、
大盛況となった。

学びのゴールは、
農業の展望を意見文にして市長さんへ届けること。
『感動アラート』は、いまだ点灯中。
ピカピカ光って、ドキドキが止まらない。

※〝再発見！　我孫食プロジェクト〟「総合的な学習」

88

89

校内マラソン記録会 「八本足のダイコン」

12月16日、青空のもと、
校内マラソン記録会が開催された。子ども達は、
「ゴールできてうれしい」と笑顔で語り、
「だけど、ライバルに負けてくやしい」
と大粒の涙をこぼし、
「それでも、卒業に向けよい思い出になった」と続けた。

今年度は一位から十位までの表彰に加え、
一人ひとりに「記録賞」を配布し、
自分の成長を感じ取れるよう工夫を行った。
なぜなら、戦う相手は自分自身だから……。
14回の練習を通し、ほとんどの子ども達が、
自己ベストを更新した。

閉会式で「ダイコン」の話をした。
学校近くの畑で、みなさんの練習をみていた大根さんが
自分も走りたいと思いました。でも一本足です。
だれもいない夜の校庭で練習していたら、
ある日、二本足になり三本足になり……。
なんと、八本足になりました。
と言って、袋から出すと

「エー！」

朗読劇「可能性は無限大」

朗読劇『ルパンあやうし』の公演が、
12月19日、新木近隣センターで行われた。
本校の児童11名にシニア4名の方が加わり、
今回の企画となった。
新聞で紹介されたこともあり、
103人もの方が集まり応援してくださった。

「文学座」の演出家である中野先生から、
10回の稽古を受けて発表をむかえた。
途中、くじけそうになったこともあったが、
この日、演じきった子ども達の表情は、
最高に輝いていた。

講演が終わったあと、中野先生から、
「2回目は完成形だった」
とおほめの言葉をいただいた。
「もしかしたら、この道に進む子どもがいるかもしれない」
子ども達の可能性は無限大だ。
未来に夢と希望をプレゼントしてくださった全ての人に、
「ありがとう」の気持ちを届けたい。

木曜日の朝は「どんぐりどんぐら」

どんぐりどんぐらは「読み聞かせボランティア」だ。
木曜日の朝、本を持ってやってくる。
子ども達の瞳はキラキラ、胸はワクワク、
心はポンポン弾む。

ロウソクに火がともると、
子ども達は心の旅に出かける。
想像の翼を羽ばたかせてうっとりする。

「ふれあいバザー」では、絵本の国をテーマに、
"はらぺこあおむし"の疑似体験をしたり、
"魔女の宅急便"のキキに変身！　したり、
子ども達に夢と希望を育んでくださっている。

今年度も、コロナ禍にありながら、
７月２日（木）、21年目のスタートをきった。
ずっと、ずっと、ずーっと続きますように……。

☆読み聞かせ「どんぐりどんぐら」
　令和２年度ライトブルー賞受賞（R3.1.24）

ダイダイの変身

学校の庭にダイダイの木がある。
今年もたくさんの実をつけた。
まるで明かりが灯っているよう。
毎年、実を収穫することなく落ちていた。

ところが、今年着任したにぼし先生が、
煮詰めて、「マーマレード」に変身させた。
陽だまり色のジャム、甘酸っぱくておいしい。
口にすると勇気がリンリン湧いてくる。

にぼし先生の挑戦はまだまだ続く。
ひと月ほどすると、今度は、
『アラッキー』の「ケーキ」と
「クッキー」を開発した。
あんまりかわいくて、口にできない。

※アラッキー「本校のマスコットキャラクター」

お誕生日はベリベリーハッピー

うちの学校給食はびっくりぎょうてん。
だって、誕生月にはケーキのサプライズ。
その名は、「ベリーマフィン」だ。

一人ひとりに名前カードがついて、
てっぺんには元気印の旗まで立って、
「フレーフレー」って応援してくれる。

パクッとかじりつくと、
「ありがとう」「ごめんなさい。」
おいしさが口いっぱいに広がって素直になれる。

誕生月は、学校に来る楽しみ100倍。
一歳大人になって、
ベリベリーハッピー。

お客様には「おしながき」
春夏秋冬のイラストを添え、
精一杯のおもてなしをする。

99

保健室は『心の停車駅』

「昨日、友だちとけんかしちゃった」
「田舎のおじいちゃんが亡くなったんだ」
「あのね。パパとママが離婚するって……」
心に雨が降った時、子ども達は保健室へ向かう。
勇気を出して学校には来たけれど、パワーがでない。
だって、心の泉はすっからかん。

「そっか……、悲しいね」
キャベツ先生が頷くと、心の泉が満たされていく。
「教室に行こうかな……」
子ども達は、自分から教室に向かう。
保健室は『心の停車駅』。
ここを通過して、大人の階段を上っていく。

キャベツ先生は、「保健日誌」を作成し、
けがや病気の他に、心の状態も細かく記した。
大人にとって小さい悩みでも、
子どもにとってはとてつもなく大きい。
「一人ひとり」を大切にできたのは、
このノートのおかげ。

うちの学校はまぶしい

だって、聞いて驚くな、
事務室には、『お日さま』が３つ住んでいるんだ。

とびきりの笑顔で、おもてなしをするものだから、
お客さまは、きまって
「気持ちのよい学校ですね」と言う。

玄関には、季節の花が活けてあるものだから、
お客さまは、目を細めて
「きれいな学校ですね」と言う。

すれ違う子ども達が、元気に挨拶をするものだから、
お客さまは、感心した顔で
「明るい学校ですね」と言う。

先生達が、行事をアイディアいっぱいに行うものだから、
お客さまは、うっとりした表情で
「すてきな学校ですね」と言う。

お客さまの言葉を聞くたびに、心がとろけそうになった。

エッヘン！　うちの学校自慢

うちの学校は、すごいぞう。
だって、「放課後の学習教室」があるんだ。
昼間、登校できない子どもに勉強を教えるから。

うちの学校は、すごいぞう。
だって、「夜中に家庭訪問」をするんだ。
昼間、登校できない子どもに会いに行くから。

うちの学校は、すごいぞう。
だって、希望があれば「夏休み学習会」をしている。
子ども一人ひとりの意欲を大切にしているから。

うちの学校は、子どもが学校に合わせるのでなく、
先生達が子どもに合わせている。
だから、子ども達はみんな学校が大好きなんだ。

2学期スタート！！

1人1人ちがっても
向かうところは一緒

魔女が修行で
学んだこと

ソンナバカナ

ウソデショ

コンナコトアッテ

イイハズナイ

書くことは生きること

私にとって、表現することは食事や睡眠と同じ。
生きていくための必須アイテムなんだ。
書かないでいると、次第に心が崩れていく。

そう、「精神安定剤」かな。
この道30年、書き上げた本は60冊。
詩集に、魔女シリーズの童話に、ポケット絵本。

５年、６年と持ち上がったクラスでは、
学級だより「991号」達成。
だけど、中途半端でくやしかった。

どうしてこんなに書けたかって？
それはね、
目の前に子ども達がいたから。

約束を果たす

「本が100冊書けますか。」

ある日、松丸先生が尋ねた。

「前書きを書いてくださるなら何冊だって書くわ。」

「もちろん！」

松丸先生は、初任校の校長先生。

週案に「私の夢を叶えてください」と書いてあった。

あれから30年、黙々と執筆してきた。

私の本には、必ず松丸先生の前書きがあった。

ところが、59冊目を書き上げた時、突然の旅立ち。

「うそつき！」

それから、書けなくなった。

4年かかって60冊目を完成したが、まえがきはない。

「あと40冊書くわ。だって、あなたと約束したもの」

天国から応援してね。

背中を追いかける

初の詩集「こころのめ」が出版された時、
北海道の校長先生から手紙が届いた。
それが、建ちゃん画伯との出会いだ。
あれから24年、現在も文通が続いている。
お互いに出した手紙は300通を超えた。

プロの画家である。
建ちゃんに会ったことは一度しかないが、
毎年出品される日展の「画」に会いに行くのが、
我が家の年中行事になった。
手紙の他にスケッチや絵葉書、魔女人形等が届く。

ご退職されてから、
本格的に画家として、ご活躍されている。
大きな背中を追いかけ生きてきた。
「魔女さん、第2の人生は自分の夢を実現してね。」
「はい。」

「おかげさま」の心ぐるぐる

昨年、うちの学校は40歳になった。

記念誌を作成して、歴代の校長先生にお送りしたら、

すてきなお便りが、次々と届いた。

「あらきっ子、こんな時だからがんばって」

と、エールをたくさんもらった。

12代目の校長先生は、直接ご指導いただいた大先輩だ。

ご退職と同時に故郷の九州に戻られたが、

新年度のスタートに合わせ、色紙を贈ってくださった。

色紙には、夢いっぱいのデザインが施されている。

「この中に、今年度の『合言葉』を書いてください。」

１年目「あせとなみだ」

２年目「感性を磨く」

３年目「大変身」と書いた。

私は新米の16代目。

先輩達のおかげで、ここまでこれた。

「おかげさま」の心がぐるぐる回って、

フラフラのよっぱらいみたい。

あった！　魔女の考える石

4代目の校長先生は、なんと私と同じ姓。
一度も会ってないのに、まるで家族のような親近感。
うれしい気持ちを届けたくて文通が続いている。
ある日は、手紙の中に、紅葉の押し花のサプライズ。
私が「魔女」なら、相手は「仙人」だ。

仙人はあっぱれ誉め上手。
「それ行け　ドンドン」
「大変身　サラダでつくる　新木小」
「たまには、大石に腰をおろして休んでください
　　だいだいの近くにある石は、
　　皇居からもらった石だよ。
　　魔女の考える石、休む石だよ。」
励ましたり、癒したりしてくださる。

だいだいの木の側を探してみたら、あった！
座ったら疲れが吹き飛んだ。

人生はおもしろい

ある日、カボチャ先生が、
「私の苗字、ほとんどの人が正しく読めません」
と悲しい声で言うものだから、私はすかさず、
「小学校の時の恩師が同じ苗字だったから、
　絶対間違えない」
と自信たっぷりに答えた。
すると、次の瞬間、カボチャ先生は言った。
「それ、私の父です！」

聞くところによると、カボチャ先生のお父様は、
若いころ新潟県のトンカラ山で、
先生をしておられたそうだ。
家に帰り、小学校のアルバムを開くと、
「あっ！　これ」
写真を学校へ持っていくと、
「私の父です。この時、まだ、自分は生まれていま
　せん」と言った。

昨年、トンカラ山に帰省した際、
47年ぶりにお会いした。
恩師の顔の中に、「カボチャ先生」を見つけた。
だから、人生はおもしろい。
ウソのようなホントの話。

気づけばそこにあった

春、１年生がアサガオの種を植えた。
つるが伸び始めた頃、支え棒をした。
まっすぐ空に伸びあがっていくように。

これまでに、私の支え棒は何本あったのだろう？
「すべては子どものために」力を注いでくれた同僚。
学校経営を理解し協力してくださった保護者の皆さま。
困った時には笑顔で助けてくださった地域の皆さま。
道を踏みはずさないよう明るく照らしてくださった先輩。
悩みを真剣に聞き苦しみを吸い取ってくれた友人達。
常に側にいて、声をかけてくれた家族など……。
おそらく10000本じゃたりないだろう。

そう、支え棒は無限にあった。
「つけて」ってお願いしなくても、
気づけば、まるで、当たりまえのように、
そこにあった。

パラダイムシフト

地球は、人が集い、手を取り合って発展してきた。
学校は、子ども達が肩を寄せ合い、学び合ってきた。
コロナ禍で、まさかのソーシャルディスタンス。
既存の価値観が一気に崩れ去った。

ソンナバカナ。

ウソデショ。

コンナコトアッテイイハズナイ。

人間は試されている。
離れても心がぎゅっとつながれるように……。

122

校長は誰でもできる！

あとがき

「魔女にも還暦はあるのですか」と年賀状のメッセージ。

「魔女」と名乗って以来、親友たちはこうして付き合ってくれる。

近年、名前よりも、「魔女さん」と呼ばれることが多くなった。

振り返ってみると、教師になり38年。

まさかおちこぼれの自分が「校長先生」になるなんて……。

この世の七不思議である。

なぜなら、教師としての常識や教養がまったくないのだから。

だが、今なら断言できる。

「子どもの未来を真剣に考え動く先生たちがいれば、校長は誰でもできる」と。

本書の目的は、これを広く世に知ってもらうためである。

執筆をスタートしたのは、5月4日、まさに緊急事態宣言の真っただ中。学校は休校を余儀なくされたが、私の心は不安のかけらもない。自慢の先生たちがいたからだ。

気づいたら、例年通りすべての行事を実施していた。

これまでにたくさんの人との出会いがあった。出会いにより自分が創られていく。いちばん伝えたいのは、冒頭に掲載した5文字。

我が家で収穫したミニトマト46個でつくった写真の言葉だ。ちなみに、この本に掲載している写真は自分で撮影したものである。

さて、第二ステージはどんな出会いがあるかしら……。

今からどきどきが止まらない。

令和3年3月

もう、読んだ？
ズッコケ魔女の大冒険！

魔女シリーズ 1巻〜18巻

A5判　小学校中学年〜
各1,200円（税別）

鈴の音童話●橋立悦子 作・絵

1巻●魔女がいちばんほしいもの

2巻●魔女にきた星文字のてがみ ♡

3巻●魔女にきた海からのてがみ ♡★

4巻●大魔女がとばしたシャボン玉星 ♡★

5巻●どうぶつまき手まき魔女 ♡★

6巻●どうぶつ星へ魔女の旅

7巻●コンピューター魔女の発明品

8巻●ドレミファソラシ姉妹のくせたいじ ♡

9巻●カラスのひな座へ魔女がとぶ ♡

10巻●ドラキュラのひげをつけた魔女 ♡

11巻●地球の8本足を旅した魔女 ♡

12巻●やまんばと魔女のたいけつ

13巻●魔女とふしぎなサックス

14巻●パステル魔女とオニたいじ ♡

15巻●魔女と7人の小人たち

16巻●魔女とビッグマン発見器 ★

17巻●アリスと魔女たちのカーニバル

18巻●魔女とカレンダーの精たち ♡

1巻

2巻

3巻

4巻

5巻

6巻

7巻

8巻

9巻

10巻

11巻

12巻

13巻

14巻

15巻

16巻

17巻

18巻

まだまだ
つづくよー

魔女えほん　1巻〜15巻

オールカラー　B5判　各1,200円（税別）★ ♡

はしだて　えつこ　作・絵

- ● 魔女えほん①
- ● 魔女えほん②
- ● 魔女えほん③
- ● 魔女えほん④
- ● 魔女えほん⑤
- ● 魔女えほん⑥
- ● 魔女えほん⑦
- ● 魔女えほん⑧
- ● 魔女えほん⑨
- ● 魔女えほん⑩
- ● 魔女えほん⑪
- ● 魔女えほん⑫
- ● 魔女えほん⑬
- ● 魔女えほん⑭
- ● 魔女えほん⑮

対象

読んであげるなら　3歳〜
自分で読むなら　　5歳〜

1巻　　2巻　　3巻　　4巻　　5巻　　6巻　　7巻　　8巻

9巻　　10巻　　11巻　　12巻　　13巻　　14巻　　15巻

「魔女えほんシリーズ」について

- ● 黒い紙に大胆に描かれた魔女の世界が伸びやかに広がります。
- ● 「読み聞かせの小部屋」を設けました。

  読んでもらう喜びを味わいながら、大きな文字から小さな文字へのステップ
  アップの喜びも体験できます。

  一人でも読めるよう、漢字にはフリガナをつけています。

  読み聞かせにぴったりなので、親子・先生と生徒のコミュニケーションにも役
  立ちます。

- ● 各ページのコーナーは、「パラパラえほんコーナー」。

  パラパラめくって、お楽しみください。

★ 全国学校図書館協議会選定　　☆ 日本図書館協会選定　　♡ 日本子どもの本研究会選定

はしだてえつこの絵本の世界

ピペッタの**しあわせさがし** 12支めぐり

オールカラー　B5判　1,200円（税別）♡

もの知り絵本
　影からうまれたピペッタが
しあわせさがしの旅にでます。
ピペッタと旅をしながら12支
を覚えられる楽しい絵本。

心の絵本！

ぼくは ココロ 1巻〜5巻

（5・6歳〜おとなまで）

ぼくはココロシリーズ
すずのねえほん
オールカラー　B5判
各1,200円（税別）

① けんかしちゃった！
② こころがみえない？
③ ぼくはわるくない！
④ いちばんの
　たからものって？
⑤ じゆうなこころで！

さあ、ココロくんと一緒に心の中をのぞいてみよう！

ポケット絵本シリーズ

オールカラー　A5変形
各1,000円（税別）

（5・6歳〜おとなまで）

心のものさし ☆
幸せのうずまき
人生はレモンスカッシュ
ぼくのだいじな
くろねこオリオン
本気の種まき

校長先生が
「きょうりゅう」になった

金ちゃんは
笑いのかみさま ♡

いのちってすばらしい。
心のものさしは、じゆうです。

はしだてえつこの児童詩の世界 電子book

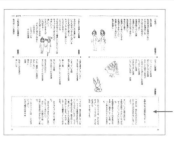

著者の指導のことばが全頁にあり、好評です。

こころのめ ♡
1992年5月

ピーチクパーチク
天までとどけ
1993年2月

チチンプイプイ
1993年12月

とことんじまんで
自己紹介 ☆
1994年12月

すっぽんぽんの
プレゼント
1995年3月

強さなんかいらない
1995年8月

シジミガイのゆめ
1995年12月 ☆

おともだちみつけた
1996年7月 ☆★

どれくらいすき?
1996年7月 ★

まゆげの
びょうたいそう
1996年12月 ☆★

かたちが
わたしのおかあさん
1997年2月

たいやき焼けた
詩は焼けた?
2000年7月

ほんとうの
友だちって…
2001年6月

はしだてえつこ（橋立悦子）

本名　横山悦子

1961年、新潟に生まれる。
1982年、千葉県立教員養成所卒業後小学校教諭になる。
野田市内、我孫子市内の小学校で教鞭をとっている。
現在、我孫子市立新木小学校に勤務。

〈著　書〉　〈子どもの詩心を育む本〉『こころのめ』など13冊。
　　　　　　〈絵本：魔女えほんシリーズ〉１巻〜15巻。
　　　　　　〈童話：魔女シリーズ〉１巻〜18巻。
　　　　　　〈絵本：ぼくはココロシリーズ〉１巻〜５巻。
　　　　　　〈もの知り絵本〉『ピペッタのしあわせさがし　12支めぐり』
　　　　　　〈ポケット絵本〉『心のものさし —うちの校長先生—』など７冊。

NDC914　神奈川　銀の鈴社
128頁　　18.8cm×12.8cm（四六判）
　　（魔女が校長先生になった　出会いが教えてくれたこと）

魔女が校長先生になった
出会いが教えてくれたこと

2021年３月19日初版発行
定価：本体 1,800円＋税

著　　者──橋立悦子

発 行 者──西野大介

発　　行──株式会社 銀の鈴社

〒248-0017　神奈川県鎌倉市佐助 1-18-21 万葉野の花庵

電話：0467（61）1930　　FAX：0467（61）1931

https://www.ginsuzu.com　　info@ginsuzu.com

ISBN 978-4-86618-106-6 C8095　　　　落丁・乱丁本はお取り替え致します
印刷・電算印刷　製本・渋谷文泉閣